巨眼透视手绘图集

极限速度

［英］乔恩·理查兹　著
［英］亚历克斯·庞　绘
刘清山　译

四川科学技术出版社

目　录

引 言

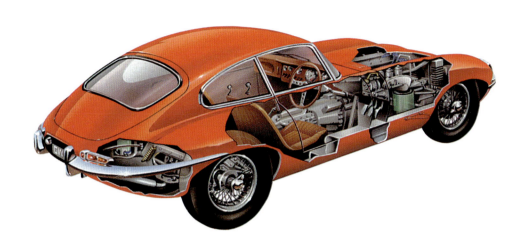

自从动力运输出现以来，人类一直希望提高汽车、船只和飞机的速度。在这个追求速度的过程中，设计者和制造者一直在克服大自然和物理学的限制。一些司机和飞行员冒着生命危险驾驶汽车、船只和飞机，而且常常因此失去生命。人类努力超越现有限制、提高交通工具性能的探索从未停止。

因此，人类开发出了一些惊人的机器，它们能够达到令人窒息的速度。这些机器包括能够从水面上升起并在水面上方飞行的船只，由巨大的喷气发动机和火箭发动机驱动的汽车，以及能够抵达地球大气层边缘的飞机。

迈凯伦 F1 是人类制造史上最优秀的超级跑车之一。它在设计时使用了迈凯伦赛车团队的专业技术。自从 1992 年发布以来，赛车版本的 F1 GTR（下图）先后赢得了勒芒 24 小时耐力赛和全球耐力 GT 系列赛的冠军。公路版本的 F1 LM（主图）在驾驶的刺激性方面也毫不逊色。它的最高速度可达 360 千米每小时，这使它成为公路上速度最快的汽车之一。它能够在不到 3 秒的时间里从静止状态加速到 96 千米每小时，并且可以在 5 秒内达到 160 千米每小时的速度！

迈凯伦 F1 LM

保持轻盈

F1 LM 汽车在制作时使用了铝和碳纤维等结实的轻质材料，将质量压缩到了 1 062 千克。设计师将轻量级车身与强大的发动机结合在一起，以确保 F1 LM 能够实现惊人的速度。

挡风玻璃

后视镜

前灯

迈凯伦 **F1 GTR**

空气动力学

F1 LM 被设计成了可以在空气中飞速穿行，并且可以吸附在公路上的汽车。汽车底部的巨大风扇提高了汽车的抓地力。这些风扇可以吸走下方的空气，提高汽车所承受的下压力，将汽车牢牢地"粘"在公路上，使汽车能够以更快的速度通过弯道和拐角。

发动机功率

F1 是由一个 6.1 升的 V12 宝马发动机（左图）驱动的。这台发动机可以达到每分钟 7 800 转，而且可以输出惊人的 668 马力。

V12 宝马发动机

迈凯伦 F1

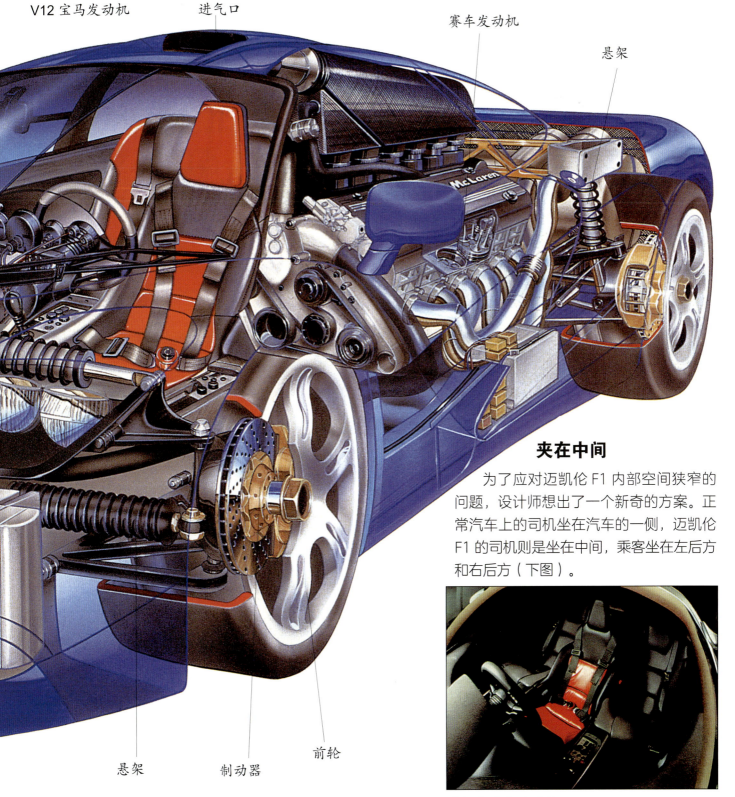

进气口

赛车发动机

悬架

悬架　　制动器　　前轮

夹在中间

为了应对迈凯伦 F1 内部空间狭窄的问题，设计师想出了一个新奇的方案。正常汽车上的司机坐在汽车的一侧，迈凯伦 F1 的司机则是坐在中间，乘客坐在左后方和右后方（下图）。

司机和乘客的座位

在公路上

第二次世界大战前后那段不长的时间常常被称为运动型公路汽车的黄金时代，那时涌现出了奥本高速汽车和捷豹 XK120 等汽车。德拉哈耶 135 型（下图）诞生于 20 世纪 30 年代后期。这种汽车的赛车版本迅速取得了成功。这些由 3.5 升发动机驱动的赛车赢得了 1938 年的勒芒 24 小时耐力赛，并在 1937 年和 1939 年两次赢得蒙特卡洛拉力赛。

德拉哈耶 135 型

梅赛德斯 300SL 鸥翼

梅赛德斯 300SL 鸥翼

梅赛德斯 300SL 鸥翼（上图）的绰号来自它那不同寻常的车门。它的车门不是横向打开的，而是纵向打开的。这种汽车源自曾经赢得 1952 年勒芒 24 小时耐力赛的赛车，生产于 1954 年到 1957 年。

由于具有赛车血统，因此鸥翼拥有一些令人震撼的性能数字。3 升的发动机可以在 9 秒内将汽车从静止状态加速到 96 千米每小时，并且可以将汽车持续加速到 265 千米每小时的速度。

捷豹 E 型固定顶棚轿跑车

就像这辆车的外形暗示的那样，捷豹一系列 E 型固定顶棚轿跑车（下图）的速度非常快。它的最高速度为 241 千米每小时，可以在略小于 7 秒的时间里从静止状态加速到 96 千米每小时。它那时尚的外观和惊人的性能使 E 型车成为 20 世纪 60 年代至 70 年代的经典汽车之一。从 1961 年到 1974 年，E 型车一共制造了超过 7.2 万辆。

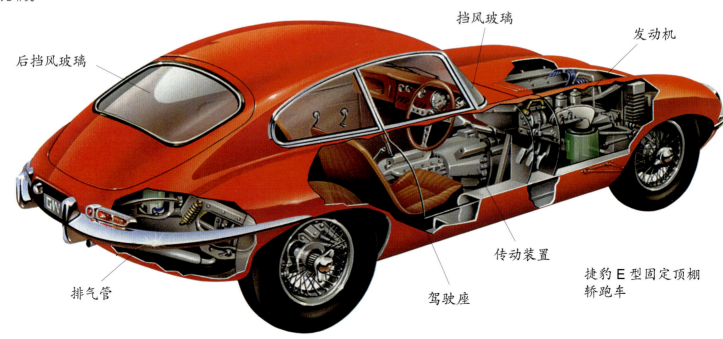

后挡风玻璃

挡风玻璃

发动机

排气管

驾驶座

传动装置

捷豹 E 型固定顶棚轿跑车

AC 眼镜蛇 427

制造于 1965 年到 1968 年间的 AC 眼镜蛇 427（右图）拥有一台巨大的 7 升 V8 福特野马发动机。这台发动机可以输出 425 马力，驱动汽车达到 265 千米每小时的最大速度。这种汽车也可以在短短的 4.2 秒内从静止状态加速到 96 千米每小时。在那个时代，它保持着世界上最快的汽车加速纪录。

AC 眼镜蛇 427

法拉利 275GTB/4

法拉利275GTB/4

这种强大的公路汽车（左图）只制造了 350 辆，全部制造于 1966 年至 1968 年之间。它的引擎盖下面是一个 3.3 升的 V12 发动机，可以输出 300 马力。因此，这种汽车的速度可以达到 257 千米每小时，并且可以在短短的 5.5 秒内从静止状态加速到 96 千米每小时。法拉利 275 为后继者法拉利代托纳打下了良好的基础。法拉利代托纳是那个时代速度最快的汽车，最高速度可达 280 千米每小时！

保时捷 356

这种汽车（下图）是保时捷设计办公室开展的第 356 个项目（因此得名），但它是第一种以"保时捷"命名的汽车。356 和它的前身、由保时捷设计的大众甲壳虫一样，将发动机放在了汽车尾部。这台 1.6 升的发动机可以输出 90 马力，驱动汽车达到 177 千米每小时的最高速度。

保时捷 356

捷豹 XJ220

捷豹 XJ220（下图）是真正的超级跑车，它的性能远远优于正常公路汽车。其他同级别的超级跑车包括兰博基尼鬼怪和迈凯伦 F1（见 2~3 页）。捷豹 XJ220 发布于 1988 年，拥有一台 V6 燃油喷射涡轮发动机（左图），它可以在 3.75 秒内将汽车从静止状态加速到 96 千米每小时，这是一个惊人的数字。捷豹 XJ220 还可以实现 341 千米每小时的最高速度。

捷豹 XJ220 的 V6
燃油喷射涡轮发动机

捷豹 XJ220

比赛中的停站

世界一级方程式锦标赛是一种非常流行的运动，吸引了世界各地的大量观众。观众之所以受到吸引，是因为他们可以观看汽车在赛道上高速奔驰，这是一种激动人心的体验。2018年，各个赛车团队需要在21站比赛中争夺车手冠军和车队冠军。没有比赛的时候，车队需要不断对他们的汽车进行改进和测试。在这项无数分之一秒都可能非常重要的运动中，要想让车手和赛车取得最佳成绩，所有这些工作都是很有必要的。

一级方程式赛车

停站

停站（左图）可以使汽车维持最佳性能。当汽车停在维修区通道的时候，至少会有17台机器在汽车周围工作，为汽车更换轮胎，补充燃油，甚至更换受损的部件。停站时间取决于需要进行的工作，目前最快的停站记录为1.92秒。

安全

安全在世界一级方程式锦标赛运动中至关重要。车手被紧紧地绑在非常结实的驾驶舱里。

赛道工作人员检查一辆失事的汽车

在撞车时，汽车的其他部件（比如车轮）会吸收冲击力，驾驶舱则不会受到影响。这些汽车还会配备黑匣子记录器，类似于航空器上的黑匣子。车手还会穿上好几层防火服装。

赛道本身被防撞护栏和轮胎墙包围。消防工作人员部署在环形赛道周围，可以在事故发生数秒内抵达失事车辆所在地（上图）。

前轮

悬架

前翼

鼻锥

轮胎

赛车可以使用两种类型的轮胎面。在干燥的天气条件下，可使用拥有至少5种胎面的轮胎；在雨天，则可

一级方程式赛车

雨天专用轮胎

使用2种拥有深胎纹的轮胎（上图），它们在赛车以300千米每小时的速度行驶时，具备每秒排出60升水的能力。

进气口

尾翼

后轮

后制动盘

散热器

发动机

翻车保护杆

安全带

制动盘

发动机功率

2014年后，世界一级方程式锦标赛修改了规则，采用1.6升的V6涡轮增压发动机驱动。各个车队的发动机由雷诺、本田、法拉利和梅赛德斯等少数制造商提供，一台V6涡轮发动机可以输出1 200马力。不过，这些赛车的速度仍然可以达到340千米每小时，而且可以在短短2.3秒实现从0到100千米每小时的加速！

赛车

在赛车运动的早期阶段，汽车的发动机被放置在前端，这与今天那些漂亮的赛车完全不同。制造于 1914 年的阳光旅游者赛车将发动机安装在前端，车手可以坐直身子。后来，赛车的车身形状逐渐发生了变化，以便带来更好的空气动力学性能。

到 20 世纪 50 年代，在阿尔法罗密欧 158 和梅赛德斯 - 奔驰 W196 等赛车上，车手可以将重心放低，他们的前面也安装了更强大的发动机。

1914 年阳光旅行者赛车

1950 年阿尔法罗密欧 158 赛车

接下来的几十年，发动机被转移到了汽车的后端，一体式车架（发动机不是被放置在车架内部，而是成为车架的一部分）被引入，翼板也被添加到了赛车上，以提高汽车受到的下压力。所有这些功能都被用在了马特拉赛车上，这款汽车是英国车手杰基·斯图尔特 1969 年的比赛用车。1973 年的迈凯伦 - 福特展示了如何将散热器从汽车前端移动到两边，使汽车获得更加符合空气动力学的鼻锥。

1954 年梅赛德斯 - 奔驰 W196 赛车

1969 年马特拉赛车

1973 年迈凯伦 - 福特赛车

车手

从 1949 年 到 1958 年，胡安·方吉奥（左图）赢得了 34 个国际汽车大奖赛冠军，并且 5 次赢得世锦赛总冠军。20 世纪 80 年代末到 90 年代初，最成功的

胡安·方吉奥

车手是巴西车手埃尔顿·塞纳（右图）。他共赢得了 41 个国际汽车大奖赛冠军，并在 1988 年、1990 年和 1991 年三次赢得世锦赛总冠军。1994 年，他在比赛中丧生。2004 年，德国车手迈克尔·舒马赫破纪录地赢得了个人第七个世锦赛总冠军。到了 2010 年以后，最具统治力的车手是德国车手塞巴斯蒂安·维特尔和英国车手刘易斯·汉密尔顿。

埃尔顿·塞纳

创新

赛车设计者希望最大限度地提高汽车的速度，赛车规则制定者则希望将汽车的性能限制在安全的范围内，因此双方一直在进行斗争。许多创新遭到了禁止。查帕拉尔 2E（右上图）拥有高高扬起的巨大翼板，用于提高抓地力。从 1969 年开始，赛车的翼板尺寸受到了限制。蒂勒尔 P34（右图）等六轮赛车在 1976 年遭到禁止。

查帕拉尔 2E

蒂勒尔 P34

印地赛车比赛

世界最古老的赛道——4 千米长的"砖厂"赛道每年都会举办印第安纳波利斯 500 大赛。比赛使用车辆（右图）拥有强大的 V-8 涡轮增压发动机，可以输出 800 马力，将汽车的速度提升至 340 千米每小时。印地赛车运动通常在拥有倾斜弯道的椭圆形赛道上举行。为了应对这些倾斜的弯道，车手可以利用压缩空气将赛车的一侧向上提起。

印地赛车

宾利纳皮尔

勒芒

勒芒 24 小时耐力赛最初于 1923 年举办。各支队伍需要在 13.5 千米长的环形跑道上竞争一个昼夜，行驶距离最远的赛车将成为获胜者。早期，在比赛开始时，司机需要穿越跑道，跑到自己的赛车上。如今，赛车需要排列在一辆缓慢移动的引导车后面。当引导车移动到一边时，比赛正式开始。这种发车方式叫作动态发车（上图）。

勒芒动态发车

蒙特卡洛拉力赛

这项比赛最初于 1911 年举办，此后每年举办一次。1973 年，蒙特卡洛拉力赛成为世界拉力锦标赛的重要一站。在这项独特的比赛中，数百名拉力赛车手从欧洲和非洲的起点开往蒙特卡洛。天气条件一直是影响比赛的重要因素。例如，在 1965 年的严冬中，有 237 辆汽车出发，但是只有 22 辆汽车完成了比赛。

蒙特卡洛拉力赛

纳斯卡

美国全国运动汽车竞赛（纳斯卡）是一种流行于美国的赛车运动。在这类比赛中，运动汽车需要在带有倾斜弯道的椭圆形赛道上奔驰。当汽车相互争抢位置时，很容易发生撞车事故。

福特 GT40

1964 年，福特 GT40（上图）开始参加勒芒 24 小时耐力赛。这种赛车由 5 升的发动机驱动，速度可达 264 千米每小时。它在前两次比赛中未能夺冠，但它在 1966 年取得了第一名的成绩。此后，这种赛车连续 3 年赢得了比赛，成为赛道上的统治者。

纳斯卡赛车

燃烧的橡胶轮胎

发动机动力

直线竞速滑稽车的引擎盖下面是一个极为强大的 8.2 升增压发动机。旁边的燃油泵每分钟可以为发动机提供大约 225 升燃油。也就是说，在一次 5 秒钟的行驶中，一辆直线竞速滑稽车需要使用 18.75 升燃油！

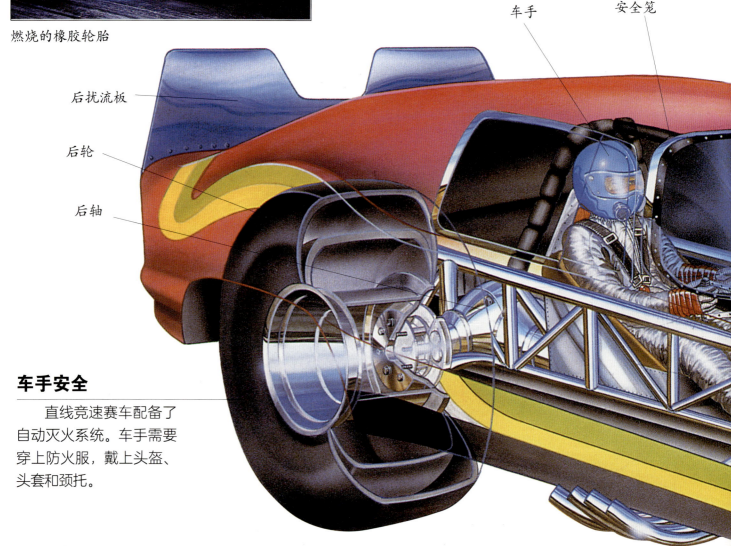

车手　　　　　安全笼

后扰流板

后轮

后轴

车手安全

直线竞速赛车配备了自动灭火系统。车手需要穿上防火服，戴上头盔、头套和颈托。

改装高速汽车赛现在被称为直线竞速赛，这种比赛诞生于 20 世纪 30 年代，现在已经发展成为一项全球运动。在比赛中，速度极快的汽车以一次两辆的方式沿着 0.4 千米长的直线赛道行驶。今天，最快的直线竞速赛车可以在 5 秒内完成比赛。

所谓的"滑稽车"（主图）及其精简版近亲——顶级燃料直线竞速赛车（右图）使用相同的发动机（见 11 页右上图）。滑稽车的速度可以达到 465 千米每小时，比顶级燃料赛车稍慢一些。两种赛车都配备了降落伞，以便在停车过程中更快地将速度降下来。

直线竞速滑稽车

直线竞速
滑稽车

发动机

增压器

　　发动机上方是一个增压器（右图）。增压器是由发动机以机械方式驱动的，它可以额外吸入大量空气。这些额外的空气被推入气缸中，以提高燃料和空气混合物的压强，使发动机能够迅速获得很大的功率。

增压发动机

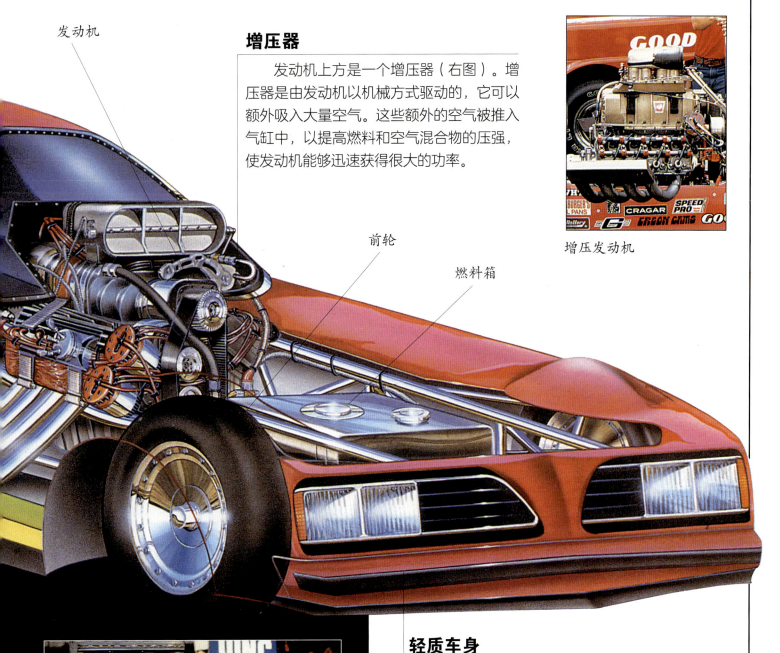

前轮

燃料箱

轻质车身

　　滑稽车的车架周围是用轻质碳纤维制作的车身。车身的总重量被控制在了最低水平，以实现最快的加速。由于加速度过大，直线竞速赛车需要配备后轮平衡杆。后轮平衡杆是从车尾向后伸展的长长的金属杆，用于阻止汽车翻车。

顶级燃料直线竞速赛车

国际大奖赛摩托车

挡风玻璃

凯夫拉尔加固碳纤维车身

排气管

后轮

排气管

车手安全

和四轮赛车一样，摩托车比赛也存在一定的危险性（下图）。为降低受伤风险，车手需要穿上耐磨皮革套装，戴上防撞头盔。现代防撞头盔是用结实的轻质玻璃纤维和塑料制作的。之前的头盔是用帆布、软木和皮革制作的，只能覆盖头部上方，无法为侧面提供保护。

国际大奖赛事故

磨膝过弯

车手在快速过弯时通常会采用"膝盖下伸"的姿势（下图）。也就是说，他们在压弯时会用一侧的膝盖摩擦赛道。为了更好地通过弯道，车手会戴上特别护膝，护膝上覆盖着结实耐磨的尼龙补丁。

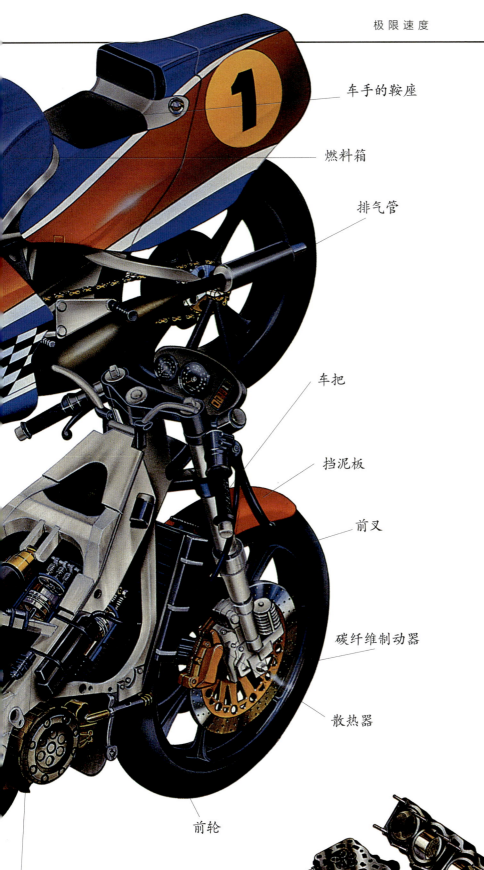

车手的鞍座

燃料箱

排气管

车把

挡泥板

前叉

碳纤维制动器

散热器

前轮

发动机

500 毫升级大奖赛摩托车的发动机拥有 4 个带有活塞的气缸。在以每分钟 1.3 万转的速度工作时，这种发动机最大可以输出 170 马力，是普通汽车的 3 倍多，而它所驱动的摩托车重量却只有普通汽车的 1/5。

摩托车国际大奖赛开赛

摩托车国际大奖赛是按照不同的级别举办的，这些级别适用于不同尺寸的发动机，包括 125 毫升、250 毫升和 500 毫升的发动机。在大奖赛中，摩托车可以将速度提升到将近 300 千米每小时！

此外，还有一个超级摩托车级别。这个级别的摩托车拥有 750 毫升的四缸发动机或 1 000 毫升的双缸发动机。不过，赛车规则规定，超级摩托车必须与公路摩托车型号保持很高的相似度。因此，超级摩托车的性能比不上大奖赛摩托车，其速度只能达到大约 260 千米每小时。

竞赛摩托车发动机中的 4 个气缸

两轮速度

20 世纪 20 年代是摩托车界的黄金时代。在这段时期，诺顿和印第安等公司开始制造更廉价、更强大的竞赛摩托车和普通摩托车。美国 ACE 摩托车公司制造出了由巨大的四缸发动机驱动的摩托车。1923 年，他们的车型之一、得到特别调整的 ACE XP-4（下图）在美国人雷德·沃尔弗顿的驾驶下创下了 210 千米每小时的世界摩托车地面速度纪录。

ACEXP-4

聪达普

1935 年的聪达普（上图）配备了一台 500 毫升的双缸发动机。这种摩托车的一个独特之处是位于发动机一侧的变速杆。这个变速杆可以像汽车一样为摩托车换挡。这种摩托车还拥有一个铰链式后挡泥板，这使后轮的更换变得更加轻松。

聪达普

富世华 V 型双缸摩托车

瑞典富世华公司生产的 350 毫升和 500 毫升级摩托车在 20 世纪 20 年代和 30 年代的公路比赛中取得了成功。500 毫升的型号（下图）能够以 190 千米每小时的速度行驶。该公司目前为越野比赛制造摩托车。

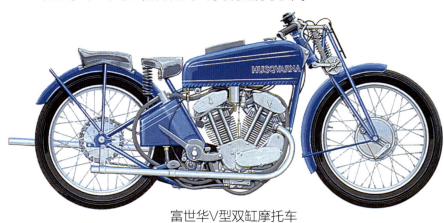

富世华V型双缸摩托车

摩托车地面速度纪录

在追求速度的过程中，摩托车制造者想出了在空气中穿行的许多新方式。其中一种尝试出现在 1938 年，当时人们为一辆超级布拉夫摩托车配备了流线型车身。在英国布鲁克兰赛道上，这辆摩托车在英国车手 E·C·费尼霍的驾驶下在超过 1 千米的距离上实现了 229 千米每小时的速度，创下了单人摩托车纪录。1956 年，一辆由凯旋发动机驱动的摩托车（下图）在美国犹他州邦纳维尔盐沼创下了 345 千米每小时的速度纪录。1990 年 7 月 14 日，美国人戴夫·坎波斯在邦纳维尔驾驶一辆由哈雷戴维森发动机驱动的摩托车，创下了 519 千米每小时的速度记录，是当时最快的速度。

流线型超级布拉夫

凯旋"破纪录者"

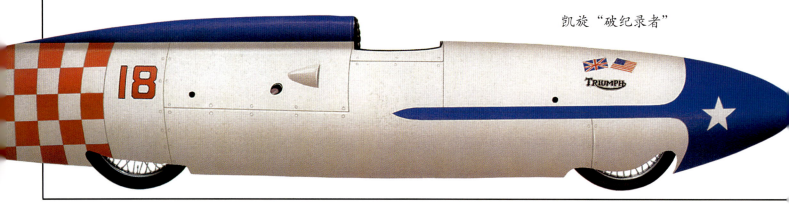

超级摩托车

今天，世界上最强大的摩托车是由美国克莱斯勒汽车公司生产的道奇战斧（下图）。这种强大的摩托车由500马力的V10发动机提供动力，约2秒的时间摩托车就能够从静止状态加速到100千米每小时。这是个惊人的数字，与一级方程式赛车不相上下。道奇战斧的最高速度可达676千米每小时！与普通摩托车不同的是，这辆摩托车拥有4个车轮。

一场曼岛TT摩托车大赛中的诺顿维修区

曼岛 TT 摩托车大赛

曼岛 TT 摩托车大赛（旅游杯）于1907年首次举办。比赛的赛道蜿蜒地穿过曼岛上的乡村丘陵地带。英国制造的诺顿摩托车（上图和下图）是早期比赛的统治者。如今，曼岛 TT 摩托车大赛中的摩托车平均速度为200千米每小时，并且可以在19分钟内跑完每圈路程。

道奇战斧摩托车

直线竞速摩托车

最快的直线竞速摩托车（下图）可以在大约6.5秒内跑完0.4千米。在比赛中，这些摩托车的速度可以达到328千米每小时。作为一种小巧的交通工具，这些摩托车配备的发动机可以提供很大的功率，与捷豹 XJ220（见第5页）等速度最快的量产汽车不相上下，但是摩托车的重量只有汽车的一半。

因此，这些摩托车可以在1秒内从静止状态加速到96千米每小时！

曼岛 TT 摩托车大赛中的诺顿摩托车

直线竞速摩托车

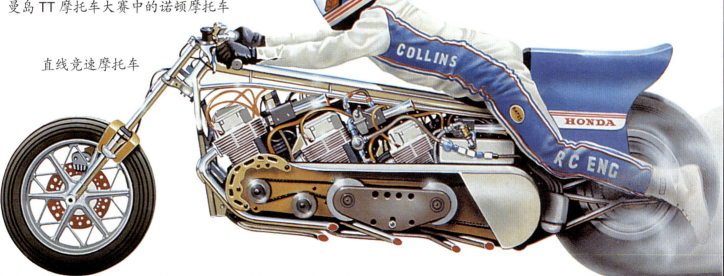

超声速推进号

喷射动力

超声速推进号（左图）使用了两台罗尔斯－罗伊斯斯贝 205 发动机，可以输出大约 10 万马力，相当于 140 辆世界一级方程式锦标赛赛车的功率。美国精神号（右图）则只需要一台发动机：F4 鬼怪 J79。这两辆汽车配备的发动机与喷气式战斗机使用的发动机相同。

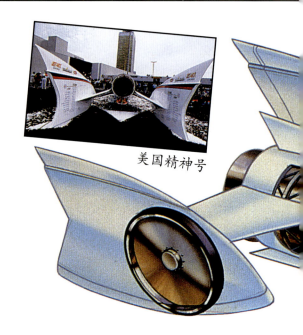

美国精神号

尾翼

停车

这些高速汽车的减速和停车是个问题。超声速推进号通过多种方式来减速。首先，它会释放一具直径 2.2 米的单级降落伞（下图），以便将汽车速度降到 1 040 千米每小时以下。然后，汽车会打开一具三级降落伞系统，以便将速度降到 640 千米每小时以下。

接着，汽车巨大的碳盘制动器将会作用于车轮，以便使汽车停下来。

后轮

打开降落伞

罗尔斯－罗伊斯斯贝 205 发动机

航空器可以轻易突破声速，但地面上的交通工具却很难做到这一点。1997 年 10 月 15 日，超声速推进号在美国内华达州布莱克罗克沙漠创下了第一个超声速地面速度纪录：1 228 千米每小时。在英国前战斗机飞行员安德鲁·格林的驾驶下，超声速推进号先于美国人克雷格·布里德洛夫驾驶的美国精神号创下了这个纪录。在对这个纪录的追逐过程中，两个团队都受到了天气问题和技术难题的困扰。2010 年，超声速推进号的设计者理查德·诺贝尔和安德鲁·格林展示了新研发的新型侦探犬超声速车，该车预期速度可以达到 1 609 千米每小时。

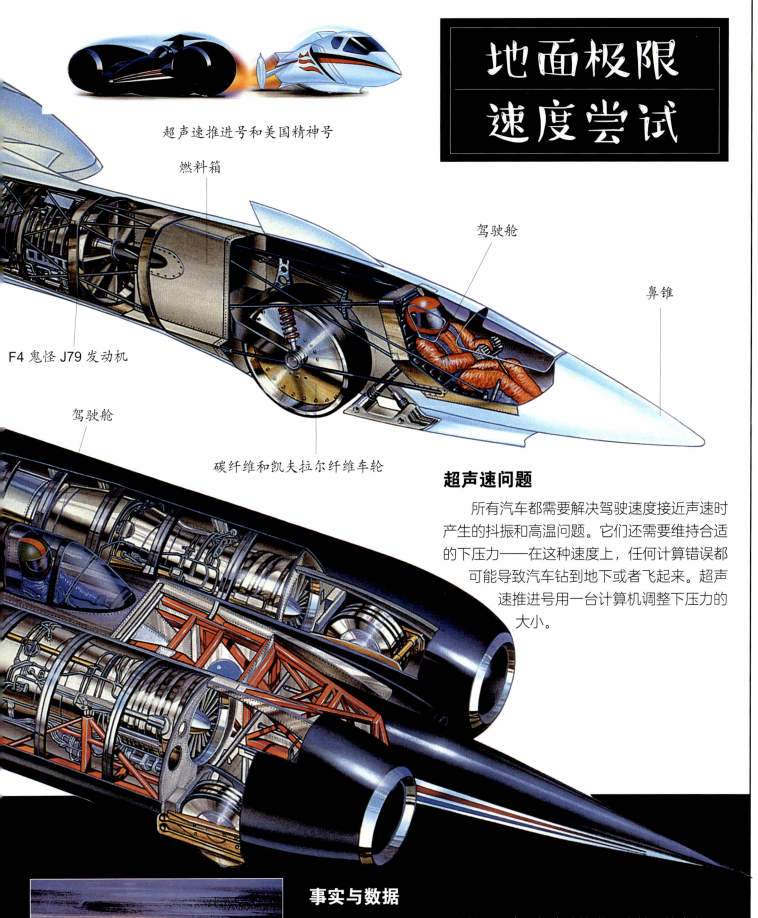

超声速推进号和美国精神号

燃料箱

驾驶舱

鼻锥

F4 鬼怪 J79 发动机

驾驶舱

碳纤维和凯夫拉尔纤维车轮

超声速问题

所有汽车都需要解决驾驶速度接近声速时产生的抖振和高温问题。它们还需要维持合适的下压力——在这种速度上，任何计算错误都可能导致汽车钻到地下或者飞起来。超声速推进号用一台计算机调整下压力的大小。

事实与数据

两辆汽车相互之间的差异很大。超声速推进号比美国的竞争对手大得多，其重量约为 7 吨。美国精神号在发生事故前的重量只有 4.5 吨，长度为 14 米，宽度接近 3 米。超声速推进号的长度超过 16 米，宽度为 3.5 米。

地面极限速度尝试

行驶中的超声速推进号

17

曾经的 纪录保持者

复活的汽车

1926 年 4 月，约翰·帕里·托马斯驾驶着他那辆被称为"芭布斯"（下图）的特别海厄姆汽车创下了 272 千米每小时的速度纪录。一年后，他试图重新夺回被马尔科姆·坎贝尔爵士打破的纪录。遗憾的是，芭布斯在这次尝试中出了事故，导致托马斯丧生。为表示尊重，人们掩埋了汽车。50 年后，人们还原了托马斯驾驶他的芭布斯的场景。现在，它成了一件博物馆展品。

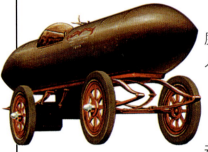

杰那茨的电动汽车

在追逐地面速度纪录的过程中，人类制造出了一些独特的汽车。第一批纪录保持者是以电力或蒸汽作为动力的交通工具。1899 年，法国人卡米耶·杰那茨驾驶一辆电动汽车达到了 105 千米每小时的速度，打破了世界纪录。不过，由汽油驱动的汽车很快就为自己确立了至高无上的地位。福特 999（下图）配备了一台 1.6 升的汽油发动机。1904 年，亨利·福特亲自驾驶这辆汽车穿越了圣克莱尔湖的冰面，并以 147 千米每小时的速度打破了世界纪录。

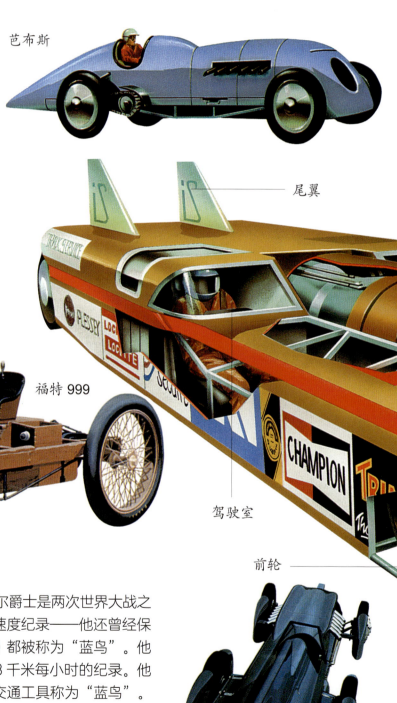

芭布斯

尾翼

福特 999

驾驶室

前轮

速度之王

马尔科姆·坎贝尔爵士是两次世界大战之间最伟大的车手之一，他曾经至少 9 次创下地面速度纪录——他还曾经保持着水上速度纪录！他驾驶的所有汽车（和船只）都被称为"蓝鸟"。他在 1933 年驾驶一辆汽车（右下图）创下了 436.8 千米每小时的纪录。他的儿子唐纳德继承了父亲的传统，仍然将自己的交通工具称为"蓝鸟"。1964 年，他驾驶一辆由普罗透斯燃气涡轮发动机驱动的汽车（下图）创下了新的地面速度纪录：649 千米每小时。

1964 蓝鸟

1933 蓝鸟

纳皮尔雷尔顿

雷霆和雷尔顿

第二次世界大战前后，两位车手乔治·艾斯顿和约翰·科布成为地面速度纪录的统治者。1939 年，艾斯顿驾驶着由两台罗尔斯－罗伊斯发动机驱动的巨大的雷霆汽车将世界纪录提高到了 572 千米每小时。直到 8 年后，科布才进行了另一次尝试。他的纳皮尔雷尔顿（左图）以 631 千米每小时的速度打破了纪录。

美国精神号

克雷格·布里德洛夫是汽车速度记录史上最伟大车手之一。他驾驶着一些不同寻常的汽车多次打破了世界纪录。他第一次取得成功是在 1964 年，当时他驾驶着三轮喷气式汽车美国精神－声速一号（右图）达到了 847 千米每小时的速度。一年以后，他将这个纪录提高到了 966 千米每小时。他的最近一次尝试是驾驶一辆同样叫作美国精神号的汽车超越声速（见 16~17 页）。

罗尔斯－罗伊斯埃文 302 发动机

推进二号

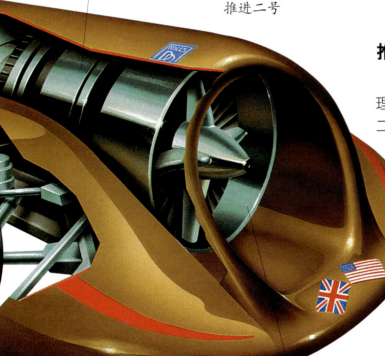

美国精神－声速一号

推进二号

1983 年 10 月 4 日，理查德·诺布尔驾驶着推进二号在美国内华达州布莱克 罗克沙漠创下了新的地面速度纪录。这辆 汽车在制造时使用了英国皇家空军战斗 机所使用的罗尔斯－罗伊斯埃文 302 喷气发动机。这种发动机可以生成 7 700 千克的推力，驱动汽车达到 1 019 千米每小时的速度。如果它的速度再快 10 千米每小时，这辆汽车产生的升力将足以使它飞起来——并且带来灾难性后果。

进气口

蓝焰号

蓝焰号

1970 年，加里·加伯利希驾驶着右图这辆由火箭驱动的汽车达到了 1 016 千米每小时的速度，打破了克雷格·布里德洛夫之前的地面速度纪录。这个纪录随后被推进二号打破，但蓝焰号仍然是速度最快的火箭汽车。

水上速度

随着人类的贸易路线延伸到世界各个角落，人们需要用速度很快的船只以尽可能短的时间运送货物。飞剪式帆船（左图）是人类在 19 世纪中期开发的一种细长的、速度很快的帆船。这种帆船之所以以此命名，是因为它

满帆的飞剪式帆船

们似乎可以将旅行中的里程数迅速"剪短"。飞剪式帆船可以在 24 小时内航行将近 750 千米，而且可以在短短 12 天内穿越大西洋。卡蒂萨克号是最著名的飞剪式帆船之一，这艘船目前位于伦敦格林威治的干船坞里。

透平尼亚号

在 1897 年维多利亚女王钻石周年（登基 60 周年）庆典的英国海军表演活动中，一艘小船突然从不知什么地方冒了出来，在战舰之中穿梭前行。这艘船叫作透平尼亚号（上图），由英国工程师查尔斯·帕森斯爵士设计，配备了三台蒸汽轮机，每台蒸汽轮机带动一只螺旋桨旋转。这些螺旋桨可以驱动轮船达到 63.8 千米每小时的速度。在那个世纪之交的时代，能够达到这种速度的船只非常少见。

排气管

水翼船

水翼船

水翼船在低速行驶时看上去就像正常的船只一样。不过，当水翼船提速时，船只会从水中升起，露出船体下面的一组翼板。水翼船的水翼可以在翼板下方形成高于翼板上方的压力（下图），将翼板连同船只向上推。由于船只与水的接触面变小，因此整个船体受到的摩擦力也在变小。所以，水翼船能够以远高于正常船只的速度行驶。普通水翼船的行驶速度可以达到 102 千米每小时，实验型船只的速度曾经超过 148 千米每小时。

尾翼

发动机

水的流速快——压力小

水翼

水的流速慢——压力大

水上速度纪录

多年来，水上速度纪录受到了激烈竞争。1918 年，亚历山大·格雷厄姆·贝尔设计的一艘水翼船创下了 114 千米每小时的速度纪录。今天的官方纪录是 511 千米每小时，是由肯尼思·沃比在 1978 年创下的。之后，沃比又驾驶着他的水上划艇澳大利亚精神号，穿越了澳大利亚的布洛尔茵达姆湖。据说，在这次航行中，它的速度达到过 555 千米每小时，但是这一点无法得到证实。

唐纳德·坎贝尔和蓝鸟的致命事故

蓝鸟

唐纳德·坎贝尔追随父亲的脚步（见 18 页），创下了地面和水上纪录。1964 年，他驾驶蓝鸟赛艇创下了 442 千米每小时的水上速度纪录。3 年后，他试图打破 300 节（555.6 千米每小时）的障碍。不过，他的船只发生了事故，导致其失踪（上图）。

前翼

美洲杯

1851 年，美国快艇美洲号赢得了一项比赛，这项赛事随后被称为"美洲杯"。从那时起，奖杯持有者和挑战者每隔 4 年就要进行一次竞争。在1983 年以前，代表美国的快艇赢得了所有比赛。1983 年，澳大利亚二号赛艇以 4 比 3 的总比分赢得了奖杯。

美洲杯赛艇

蓝缎带奖

蓝缎带奖又叫黑尔斯杯，用于奖励跨越大西洋的速度最快的常规商业船舶。在 1998 年丹麦的卡特林克五号捧杯之前，该奖项持有者一直是美国号班轮。1952 年 7 月，在为期 4 天的首次航行中，美国号的平均速度达到了 66 千米每小时。它从美国海岸外的安布罗斯灯船出发，用了 3 天 10 小时 40 分钟的时间抵达了英国海岸外的毕晓普罗克灯塔。

美国号班轮

单壳汽艇

近海汽艇是水上世界的速度之王。这些船只包括带有V型底部的单壳船（上图）和双壳双体船（主图）。这些动力很强的船只能在公海上乘风破浪，其航线可能超过400千米。

气垫

当双壳汽艇加速时，空气会被困在两个船壳之间的通道里，并且受到压缩。这些空气会将船只托起，减少船只与水体的接触面积，从而降低摩擦力，提高船只的行驶速度。

比赛中的水上划艇

水上划艇也会产生类似的效应（上图）。不过，作为体积更小的船只，水上划艇几乎不会接触水面。相反，它们可以利用被困空气形成的气垫在水面上方滑行或"飞行"。

双壳汽艇

铝质船壳

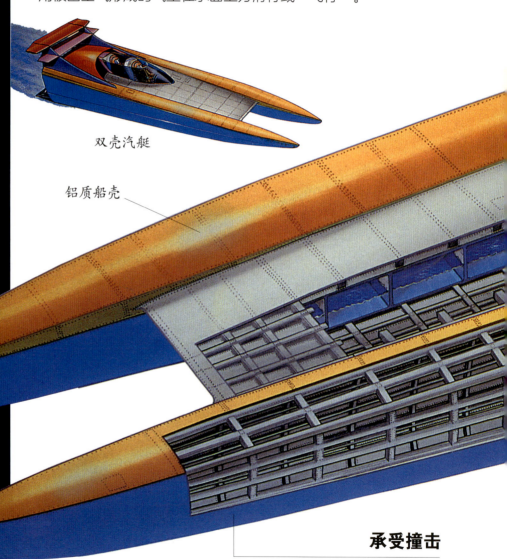

比赛是在发动机尺寸相同的船只之间进行的，这些船只的发动机功率在100马力到5 000马力之间。因此，动力较强的船只可以达到220千米每小时的速度。

承受撞击

对船只和船员来说，赛艇是一项艰难的运动。这艘15米（主图）长的双体船非常结实，可以在8米高的海浪中穿行。船壳是用耐磨的铝材制作的，可以承受海水的连续打击。

驾驶舱内部

驾驶员和船员一前一后坐在与战斗机驾驶舱类似的高科技驾驶舱里。在一些动力较强的双体船上，这个驾驶舱可以在船只发生事故时弹射出来。

坐在前面的驾驶员利用电子导航系统使船只保持在正确的航线上，另一名船员控制节气门，以便对发动机进行调整，获得合适的速度。每个人身上系着一条与船只相连的绳索，叫作"死亡开关"。当船员被弹出时，这个"死亡开关"可以让船只停下来。

汽艇

尾翼

节气门控制员

驾驶员

螺旋桨

排气管

燃料箱

油老虎

双壳汽艇的两个船壳可以容纳巨大的燃料箱。这种船只的发动机需要消耗大量燃料。在一次比赛中，发动机每小时可以用掉大约180升燃料。燃料可以在两个燃料箱之间转移，以确保船只保持完美的平衡。

汽艇发动机

这艘双壳汽艇拥有两台8.2升的V12兰博基尼发动机，每个发动机位于一个船壳里。这两台强大的发动机可以在不到4秒内将船只从静止状态加速到160千米每小时。为此，每只螺旋桨需要达到每分钟10 000转的转速，抛起30米长的水花，又叫"公鸡尾巴"。

航行中的汽艇

飞向天空

在第一次世界大战中，为了追求制空权，人们开发出了有史以来速度最快的航空器。在一台希斯巴诺－苏莎 V8 发动机的驱动下，斯帕德 13 飞机的速度可以达到 210 千米每小时，这使它成为第一次世界大战中速度最快的飞机之一。

GB 竞速飞机 R-1

GB 竞速飞机

两次世界大战之间的那段时期，人们对飞行（尤其是飞行比赛）的兴趣不断增加。GB 竞速飞机 R-1（上图）是当时最成功的竞赛飞机之一。它赢得了 1932 年的汤普森锦标赛，并且创下了 476 千米每小时的飞行速度新纪录。这种小型飞机在巨大的发动机后面安装了一个小小的机身。

R-1 的飞行生涯结束于 1933 年，当时它在一次比赛中发生了意外翻滚，不幸坠毁。

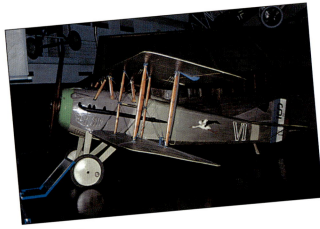

斯帕德 13

超级马林 S6B

1913 年，法国武器制造商雅克·施耐德开始举办一项年度竞赛，以鼓励人们开发海上航空器。海上航空器是指利用浮筒在水面起飞和降落的飞机。连续三次赢得比赛的人将永久性地获得施耐德杯。1931 年，英国的超级马林公司做到了这一点。在最后一次胜利中，超级马林公司使用了 S6B（下图和右图），这种飞机的飞行速度可以达到 548 千米每小时。制造 S6B 过程中获得的信息促成了喷火战斗机的诞生，这种战斗机参与了第二次世界大战。

超级马林 S6B

超级马林 S6B

24

巴赫姆 BA.349 草蛇

德国马赫姆 BA.349 草蛇（右图）的设计目的是在第二次世界大战末期对付盟军的轰炸机。这种垂直发射的飞机可以迅速飞上天空，在短短 1 分钟内达到 7 500 米的高度。在进入射程范围时，飞行员会发射一连串火箭。然后，他会从飞机中弹射出来，飞机也会断成两截。飞机的前半部分将会撞向前方的任何物体，后半部分则会利用降落伞落到地面上，以便重复利用。幸运的是，这种飞机从未在第二次世界大战中得到使用。

火箭巢
驾驶舱
巴赫姆 BA.349 草蛇
燃料箱
火箭发动机

梅塞施米特 Me262

主燃料箱
机首炮

容克斯尤莫发动机
炸弹负载
主起落架
前起落架

喷气式飞机的诞生

20 世纪 30 年代，英国工程师弗兰克·惠特尔最先为喷气动力飞机的原理申请了专利。不过，直到 1944 年德国引入梅塞施米特 Me262（上图），喷气式飞机才在第二次世界大战中得到使用。Me262 的飞行速度可达 866 千米每小时，其整体性能优于不久以后出现的盟军喷气式飞机，比如格罗斯特流星（下图）。不过，Me262 的制造时间太晚，数量太少，无法改变战争的走向。

P-51 野马

P-51 野马

P-51 野马（上图）配备了一台罗尔斯－罗伊斯梅林发动机，可以将速度提升至 784 千米每小时，这使它成了第二次世界大战中速度最快的螺旋桨动力飞机之一。这种飞机非常容易操纵，因此获得了"空中凯迪拉克"的称号。

格罗斯特流星

空中速度

最早的超声速飞机

首飞于 1953 年的北美 F-100"超级佩刀"（主图）将战斗机带入了超声速时代。这种单座战斗机的速度可达 1 390 千米每小时，即 1.31 马赫。康

康维尔 B-58"盗贼"

维尔 B-58"盗贼"（上图）首飞于 1956 年。它是首个超越 1 马赫的轰炸机，也是首个达到 2 马赫的轰炸机。它的最高速度为 2 215 千米每小时，即 2.1 马赫。

图 -95/142 熊

如今的天空中飞行着各种速度极快的航空器。第二次世界大战结束后的大多数高速飞机都是喷气动力飞机。有时，这些飞机能够以远远超过声速的速度飞行。不过，许多航空公司仍然在用螺旋桨飞机进行短途飞行，武装部队仍然在使用运输机和侦察机，比如俄罗斯的图 -95/142 熊（上图）。这种飞机的速度可达 925 千米每小时，即 0.82 马赫，这使它成为速度最快的螺旋桨动力飞机。

普惠 J-57 发动机

备用燃料箱

协和式飞机与"协和斯基"

最早的两种超声速客机出现在 20 世纪 60 年代，分别是英法联合制造的协和式飞机以及苏联的图 -144（下图，被戏称为"协和斯基"）。两种飞机的飞行速度都可以达到声速的两倍。

旋风战斗机

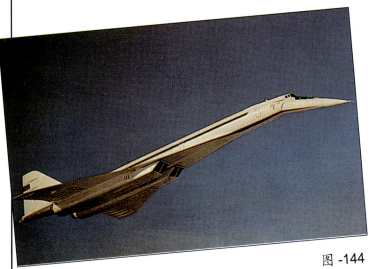

图 -144

摇摆的机翼

一些飞机利用可以摆动的机翼获得更好的性能。这些飞机在低速飞行时将机翼向前摆，在高速飞行时将机翼向后摆（右图）。这类飞机包括 F-111 和旋风战斗机（左上图）。旋风战斗机可以将机翼从 23°后摆到 67°，其中一些型号的速度可达 2 414 千米每小时，即 2.27 马赫。

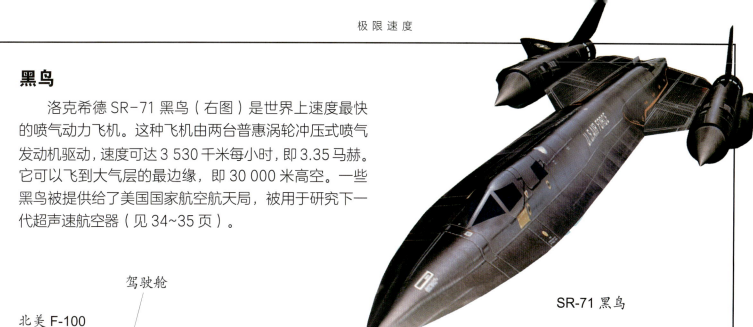

SR-71 黑鸟

黑鸟

　　洛克希德 SR-71 黑鸟（右图）是世界上速度最快的喷气动力飞机。这种飞机由两台普惠涡轮冲压式喷气发动机驱动，速度可达 3 530 千米每小时，即 3.35 马赫。它可以飞到大气层的最边缘，即 30 000 米高空。一些黑鸟被提供给了美国国家航空航天局，被用于研究下一代超声速航空器（见 34~35 页）。

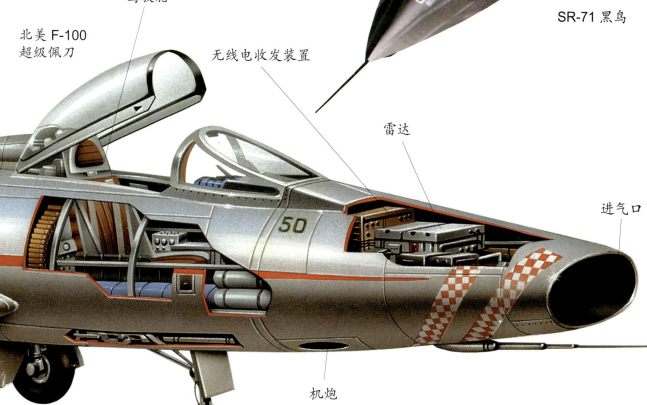

驾驶舱

北美 F-100
超级佩刀

无线电收发装置

雷达

进气口

机炮

前起落架

欧洲台风战斗机

未来的喷气式飞机

　　航空器设计者一直在想办法提高航空器的速度和机动性。因此，他们开发出了一些独特的航空器，比如欧洲台风战斗机（右图）和美国 YF-22（左图）。欧洲台风战斗机拥有小型可移动机翼，又叫"鸭翼"，这使它能够实现正常航空器无法实现的机动动作。YF-22 是 F-22 闪电 2 的实验版本，利用"推力矢量"提高操纵性能。推力矢量系统包括排气管上方可以移动的襟翼，这些襟翼可以改变推力的方向，帮助飞机完成非常规机动动作。YF-22 的飞行速度可达 2 335 千米每小时，即 2.2 马赫。

飞行中的 YF-22

米格-31 猎狐犬

米格-31 猎狐犬

机组成员

两名机组成员一前一后坐在驾驶舱里，飞行员在前，武器官在后（左图）。如果飞机被用于侦察，那么坐在后面的不是武器官，而是领航员。

机翼

驾驶舱中的武器官

驾驶舱

雷达天线

电子设备

前起落架

AA-8 蚜虫导弹

武器库

米格-31 猎狐犬是一种战斗机，配备了相应的武器。它携带有一门六管 23 毫米旋转机炮。米格-31 的机翼下方还捆绑了空对空导弹（左图和上图），比如 AA-8 蚜虫和 AA-9 阿摩司导弹。这使猎狐犬能够隔着很远的距离通过雷达发现敌方航空器并对其展开攻击。

备用燃料箱

米格-31 正在装载导弹

动力装置

米格-31猎狐犬是由两台彼尔姆 D-30F6 加力燃烧涡轮风扇发动机驱动的。这种发动机通过两个进气口吸入空气，并且通过两个排气管将废气排出，以便提供巨大的推力，推动飞机实现最大速度。

尾喷口

垂直尾翼

AA-9 阿摩司导弹

加力燃烧室

喷气发动机的加力燃烧室位于涡轮机和尾喷口之间。离开涡轮机的空气仍然含有丰富的氧气。加力燃烧室可以将更多燃料注入这种空气中，并将其点燃，从而极大地提高空气的温度。这些温度更高的空气将会加速通过尾喷口，在短时间里提高推力。

米格-31 正在打开减速伞

米格-31 猎狐犬是世界上速度最快的喷气式战斗机，其速度可以达到惊人的 3 000 千米每小时，即 2.83 马赫。这种飞机具备特殊设计，可以在 20 600 米的高度上高速飞行。在如此高的高度上，它可以迅速对敌方航空器展开远距离攻击，无须进行近距离作战。

此外，如果移除所有武器，猎狐犬还可以充当超高速侦察机，在敌人的阵地上方迅速飞过，并且对其进行监视。

一架正在展示的米格-31

X系列飞机

道格拉斯 X-3

道格拉斯 X-3（左图）是一种单座喷气式飞机，具有细长的机身和锥形机首。在其 1952 年到 1955 年的飞行生涯中，人们利用这种飞机测试其匕首般的形状在声速附近的适应性。

道格拉斯 X-3

第二次世界大战结束后，新成立的美国国家航空咨询委员会（也就是后来的美国国家航空航天局）开启了一项实验型飞机计划，以提高航空器的整体性能。这些飞机被称为 X 系列飞机。首个 X 系列飞机是贝尔 X-1（下图）。1947 年 10 月 14 日，查克·叶格（左图）驾驶这架飞机达到了 1 078 千米每小时的速度，使之成为第一架超越声速的航空器。

查克·叶格

贝尔 X-5

贝尔 X-5（下图）的飞行开始于 1951 年，结束于 1954 年，它是首个可以在飞行中改变机翼位置的航空器。它的机翼可以向后摆到 60°，以便在更高的速度上（尤其是在声速上下）获得更好的性能。通过对 X-5 的实验，人们开发出了"旋风"和 F111 等航空器（第 26 页）。

贝尔 X-1

贝尔 X-5

马丁 X-24A

马丁 X-24A（下图）是"升力体"研究项目的一部分。升力体是指不需要机翼、利用机身提供升力的航空器。马丁 X-24A 的飞行速度可达 1 696 千米每小时，即 1.6 马赫，飞行高度可达 21 765 米。

马丁 X-24B

马丁 X-24B（下图）是在马丁 X-24A 的基础上开发出来的，它的速度可达 1 865 千米每小时，即 1.76 马赫，飞行高度可达 29 500 米。它在 1975 年 9 月进行了最后一次动力飞行。马丁 X-24A 和马丁 X-24B 等升力体为人类提供的信息对航天飞机的建造起到了帮助作用。

马丁 X-24A

马丁 X-24B

罗克韦尔 X-31

人们开发罗克韦尔 X-31（右图）是为了研究如何将推力矢量和可移动鸭翼（第 27 页）结合起来，以便创造出极具机动性的航空器。因此，罗克韦尔 X-31 能够以不同寻常的方式躲避敌方飞机，比如在水平飞行时将机首角度提升至 70°——常规飞机无法实现这一机动动作。罗克韦尔 X-31 的飞行速度可达 1 357 千米每小时，即 1.28 马赫，飞行高度可达 12 200 米。

罗克韦尔 X-31

格鲁曼 X-29

格鲁曼 X-29

虽然前掠翼的思想并非首创（早在第二次世界大战期间，人们就提出了这种思想，但是当时缺少制造这种飞机的技术），但是格鲁曼 X-29（上图）仍然是一种革命性的航空器。这种飞机首飞于 1984 年 12 月，此后实现了 1 696 千米每小时，即 1.6 马赫的最高速度和 15 150 米的飞行高度。格鲁曼 X-29 的机翼设计使其获得了很强的机动性。不过，这也使飞机变得极其缺乏稳定性，人类飞行员的反应速度已经不足以对其进行操控了。为了解决这个问题，人们用先进的计算机对飞机进行持续监控，以免飞机失去控制。

X-36 和 X-45

外形奇特的 X-36（下图）没有横尾翼，它是通过推力矢量和可移动鸭翼（第 27 页）操纵的。这种尺寸只有正常飞机四分之一的飞机进行了成功的飞行，它是飞行员在地面虚拟现实驾驶舱的安全环境下通过远程控制进行操纵的。X-45 是一种原型机。通过这种飞机，人们为美国空军研发出了无人驾驶攻击机。

X-36

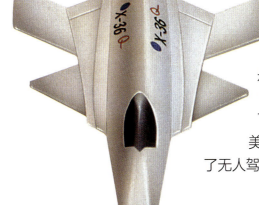

B-52 机翼下的 X-15

首飞于 1959 年的 X-15 是美国国家航空航天局在开发可回收航天飞机过程中的一种宝贵的研究型飞机。为了不浪费宝贵的燃料，X-15 不是利用自己的动力起飞，而是被一架 B-52 轰炸机带上天空（上图）。升空以后，X-15 迅速爬升，以检测在距离地球表面 107 千米的高空中飞行所产生的影响。一些 X-15 飞行员甚至获得了"航天员之翼"徽章！

X-15 也可以使用副油箱，此时它的速度可以达到惊人的 7 297 千米每小时，即 6.7 马赫。

航空器尺寸

X-15 从机首到机尾的长度为 16 米，翼展为 6.7 米。它的形状与导弹类似，带有楔形尾翼和薄薄的粗短机翼。它在发射后的平均重量约为 15.5 吨，具体重量取决于它所执行的任务。其中，大约一半的重量来自驱动火箭所需要的液态氧和无水氨推进剂——因此，X-15 实际上就是一个飞行的燃料箱！

X-15

弹射座椅

X-15 的弹射座椅（左图）用于在超声速状态下挽救飞行员的生命。在火箭将飞行员弹出以后，弹射座椅将会打开多具降落伞，以降低下落速度，确保安全着陆。幸运的是，这种功能从未得到使用。

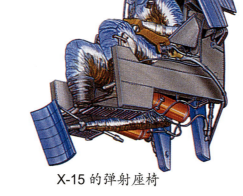

X-15 的弹射座椅

飞行控制

在大气层中，X-15 通常是用机翼、横尾翼上的襟翼和方向舵控制的。不过，在 36 000 米以上的高空中，空气非常稀薄，无法实现足够的控制，此时的飞机实际上是在太空中飞行。因此，飞机配备了 8 个小型推进火箭。当航空器在高层大气中飞行时，飞行员可以利用这些火箭控制航空器的方位。

X-15 火箭飞机

北美 X-15 的俯视图、正视图和侧视图

液氧贮箱

燃料箱

XLR-99 火箭发动机

垂直尾翼

机翼

备用燃料箱

尾橇

火箭发动机

X-15 航空器的动力来自尾部的 XLR-99 火箭发动机。在飞行员的控制下，这台发动机可以提供大约 254 800 牛顿的推力。根据任务类型的不同，火箭发动机可以燃烧 80 到 120 秒。接着，航空器需要在无动力状态下滑翔大约 10 分钟并以大约 320 千米每小时的速度着陆。

大型超声速飞机

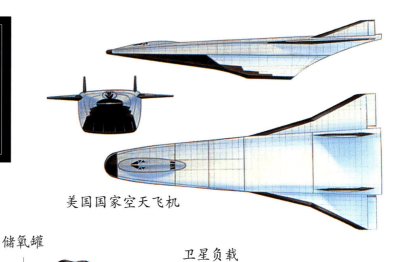

美国国家空天飞机

高空飞行者

　　计划中的美国国家空天飞机能够在高度为 76.3 千米的高层大气中以令人难以置信的速度运送乘客和卫星。在这种高度上，温度高达 1 800℃。为避免航空器过热，可以将温度极低的"浆氢"存储在紧贴航空器表面的位置，形成对抗高温的绝缘层。

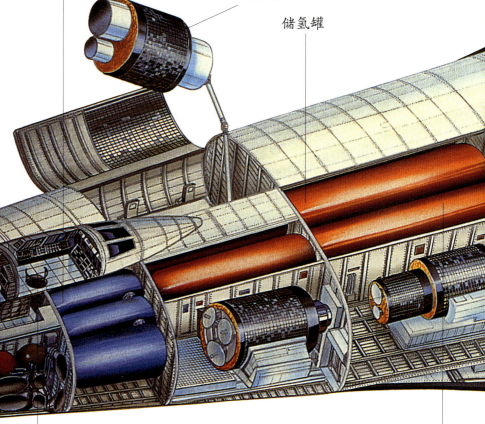

储氧罐

卫星负载

储氢罐

前起落架

驾驶舱

机身和燃料

　　在非常高的高度，正常的吸气式发动机是没有用的，因为没有足够的氧气维持燃料燃烧。因此，美国国家空天飞机需要自己携带液态氧，同时携带氢作为燃料。

　　2003 年，当时唯一的现役超声速运输机——协和式飞机在服役 30 多年后正式退役。今天，没有人开发出明显可以替代协和式飞机的机型。一项名为"协和式飞机的孩子"的项目正处于研究阶段，这种飞机的速度超过 2 马赫，能够在不补充燃料的情况下携带最多 300 人绕地球飞行半圈。不过目前，最有可能让超声速再次进入民航领域的飞机为 Aerion 公司设计的超声速公务机 AS2。Aerion 公司计划于 2023 年交付首架飞机，预计 AS2 最高可加速到 1.5 马赫。

　　另一个设想是创造出能够飞到高层大气中

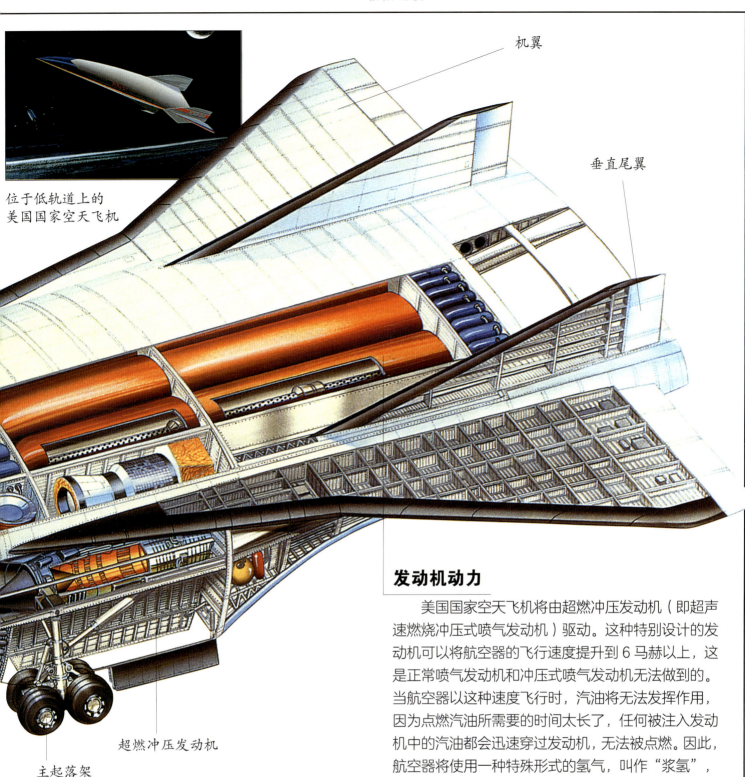

位于低轨道上的
美国国家空天飞机

机翼

垂直尾翼

主起落架

超燃冲压发动机

发动机动力

美国国家空天飞机将由超燃冲压发动机（即超声速燃烧冲压式喷气发动机）驱动。这种特别设计的发动机可以将航空器的飞行速度提升到 6 马赫以上，这是正常喷气发动机和冲压式喷气发动机无法做到的。当航空器以这种速度飞行时，汽油将无法发挥作用，因为点燃汽油所需要的时间太长了，任何被注入发动机中的汽油都会迅速穿过发动机，无法被点燃。因此，航空器将使用一种特殊形式的氢气，叫作"浆氢"，这种燃料具有更快的燃烧速度。

的飞机。在这种高度上，空气很稀薄，摩擦力较小，航空器的飞行速度将远高于普通飞机。进入高层大气以后，飞机的速度理论上可以达到 26 500 千米每小时，即 25 马赫！如此高的速度可以使我们在短短两三个小时之内环绕地球一周。

计划中的协和式飞机后继者

词汇表

车架

汽车等交通工具内部的支撑框架。

发动机

将能量转化成力量或运动的设备。汽油机或柴油机等内燃发动机将气缸内部产生的能量转化成运动。

高度

高出地球表面的距离。

活塞

通过在空心气缸中上下移动驱动交通工具前进的圆盘或圆筒。在蒸汽机里，活塞是由蒸汽压力推动的。在内燃机里，活塞是由燃料燃烧形成的热空气压力推动的。

加力燃烧室

一些喷气发动机上的装置，它可以将额外的燃料注入发动机，重新点燃废气，从而极大地提高推力。

减震器

这种装置可以吸收车辆悬架受到的冲击。

节

用于衡量船只速度的单位，相当于每小时1海里。1海里相当于1.852千米。

空气动力学

关于气流的科学；具体地说，它研究的是交通工具如何更加轻松地在空气或水中前进。

螺旋桨

带有多个倾斜叶片的装置，这些叶片的旋转可以驱动船只或航空器前进。

马赫数

与声速相关的速度数字。当飞机以2马赫飞行时，它的速度是声速的2倍。1马赫以上的速度被称为超声速。

气缸

发动机内部的空腔，里面有一个活塞上下滑动。

升力

机翼穿过空气或水时作用于机翼下表面、方向向上的力。升力可以将飞机举到空中，将水翼船托出水面。

声速

声音在空气中传播的速度。声速随高度的变化而变化。在12 000米、的高度，声速为1 060千米每小时。在地面，声速为1 200千米每小时。

推进剂

在火箭或喷气发动机中燃烧、以便生成推力的爆炸性物质。

推力

喷气发动机或火箭发动机生成的力量，可以将交通工具向前推进。

涡轮机

这种发动机包含一个带有叶片的转轴，转轴上的叶片可以在液体或气体的作用下旋转。

涡轮增压器

这种装置包含一个与涡轮机相连接的风扇，涡轮机的旋转是由发动机排出的废气驱动的。涡轮增压器可以将空气吹进气缸，以提高发动机的功率。

下压力

气流对汽车产生的向下的压力，它可以提高抓地力。

增压器

这种装置将空气吹进发动机的进气口，以提高发动机的功率。它包含一个由发动机直接驱动的风扇。

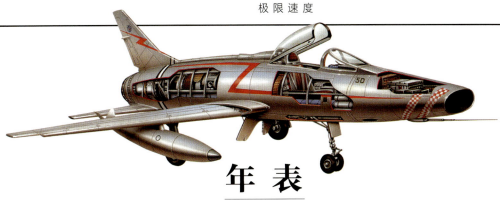

年 表

1897年 当维多利亚女王检阅皇家海军时，透平尼亚号出人意料地出现在了现场。

1899年 卡米耶·杰那茨驾驶一辆电动汽车达到了105千米每小时的速度，创下了当时的地面速度纪录。

1904年 亨利·福特驾驶一辆福特999刷新了地面速度纪录：147千米每小时。

1906年 首届国际汽车大奖赛在法国举行。弗伦克·瑟兹斯驾驶一辆雷诺汽车赢得了冠军。

1907年 曼岛旅游锦标赛举行了第一届比赛。

1911年1月 蒙特卡洛拉力赛举行了第一届比赛。从巴黎出发的鲁吉耶驾驶一辆蒂尔卡-梅里汽车赢得了冠军。

5月 印第安纳波利斯500举行了第一届比赛。R·哈罗恩和C·帕茨克驾驶一辆玛蒙汽车赢得了冠军。

1923年 首届24小时耐力赛在勒芒举行。A·拉加什和R·莱昂纳尔驾驶一辆谢纳尔-瓦尔克汽车赢得了冠军。

1927年 约翰·帕里·托马斯在试图夺回地面速度纪录时遇难。

1931年 超级马林S6B以548千米每小时的飞行速度赢得了施耐德杯。

1935年 马尔科姆·坎贝尔爵士创下了他的最后一个地面速度纪录。他驾驶蓝鸟汽车达到了485千米每小时的最高速度。

1944年 最早的喷气动力航空器之一梅塞施米特Me262进入纳粹德国空军服役。

1947年 查克·叶格成了第一个超越声速的人，他驾驶贝尔X-1飞机达到了1 078千米每小时的最高速度。

1950年 首届世界一级方程式锦标赛在银石赛道举行。

1952年 美国号班轮创下了穿越大西洋的最快商业航行纪录，赢得了蓝缎带奖。此次航行的平均速度为66千米每小时。

1964年7月 唐纳德·坎贝尔驾驶由燃气涡轮机驱动的蓝鸟汽车创下了新的地面速度纪录：649千米每小时。

10月 克雷格·布里德洛夫创下了他的第一个地面速度纪录，他驾驶着美国精神号三轮汽车将最高速度提升到了754千米每小时。

1966年 W·J·奈特驾驶北美X-15达到了7 297千米每小时的速度，相当于6.7马赫。

1967年 唐纳德·坎贝尔在试图创下新的水上速度纪录时遇难。

1969年 协和式飞机成了首个开始服役的超声速班机。它的飞行速度可达233 千米每小时，即2.2马赫。

1970年 由火箭驱动的蓝焰号创下了新的地面速度纪录，它在加里·加伯利希的驾驶下达到了1 002千米每小时的速度。目前，这仍然是火箭动力汽车的速度纪录。

1976年 埃尔登·约埃茨上尉和乔治·摩根少校驾驶一架洛克希德SR-71黑鸟侦察机达到了3 530千米每小时速度，相当于

3.35马赫，创下了新的喷气式飞机空中速度纪录。

1978年 肯尼思·沃比驾驶澳大利亚精神号创下了新的水上速度纪录：511千米每小时。

1983年 理查德·诺布尔驾驶由喷气发动机驱动的推进二号创下了新的地面速度纪录：1 019千米每小时。

1985年 罗伯特·巴伯打破了持续79年的蒸汽动力汽车速度纪录。他的蒸汽恶魔汽车达到了234千米每小时的速度。

1990年 戴夫·坎波斯创下了新的摩托车速度纪录：519千米每小时。

1997年 英国前战斗机飞行员安德鲁·格林驾驶超声速推进号达到了1 228千米每小时的速度，创下了第一个超声速地面速度纪录。

2003年 协和式飞机在结束最后一次商业飞行后着陆。同年，美国克莱斯勒汽车公司推出道奇战斧摩托车，最高时速可达676千米每小时。

2010年 查德·诺贝尔和安迪·格林展示了新研发的新型侦探犬超声速车，该车预期速度可以达到1 609千米每小时。

2014年 空中客车公司和Aerion公司宣布它们将联合推进AS2超声速飞机的项目，超声速飞机即将再次踏入民用领域。

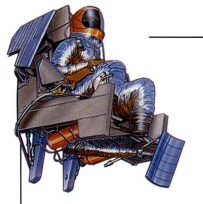

图书在版编目（CIP）数据

极限速度 / (英) 乔恩·理查兹著；(英) 亚历克斯·
庞绘；刘清山译. -- 成都：四川科学技术出版社，
2019.1

（巨眼透视手绘图集）

ISBN 978-7-5364-9347-6

Ⅰ.①极… Ⅱ.①乔…②亚…③刘… Ⅲ.①交通工
具－少儿读物 Ⅳ.①U-49

中国版本图书馆 CIP 数据核字 (2019) 第 015282 号

著作权合同登记图进字 21-2018-725-730 号

An Aladdin Book
Designed and directed by Aladdin Books Ltd
14 Deodar Road
London SW15 2NN
England

图片来源：

缩写：t-上，m-中，b-下，r-右，l-左

2全，3全，5tl，8全，9ml，9mr，10tl，11b，
12m，13全，16tl，16tr，17b，21m，22全，23bl，
25bl，27bl，30t: Rex Features; 4t，5m，5bl，
6全，9tl，9tr，11t，12b，16b，28全，29t: Frank
Spooner Pictures; 9b: British Film Institute;
14m，15t，15b，20tl，21t，21内嵌图，21b，25br:
Hulton Getty Collection; 22tr: Mary Evans Picture
Library; 24全，26tl，26tr，26bl，30ml，30mr，
30b，30tr，32tr，33b，35t: The Aviation Picture
Library; 32tl: Rockwell Aerospace; 35b: British
Aerospace; 5tr，7tl，15mr，27tr，27m，29br: 图
虫创意。

极限速度
JIXIAN SUDU

出　品　人　钱丹凝
著　　　者　[英]乔恩·理查兹
绘　　　者　[英]亚历克斯·庞
译　　　者　刘清山
责任编辑　廖茜　何晓霞
特约编辑　王冠中　米琳　李文珂　郭燕　王杰
装帧设计　刘朋　孙庚　程志　耿雯　石亚娜
责任出版　欧晓春
出版发行　四川科学技术出版社
　　　　　成都市槐树街 2 号 邮政编码：610031
　　　　　官方微博：http://weibo.com/sckjcbs
　　　　　官方微信公众号：sckjcbs
　　　　　传真：028-87734037
成品尺寸　225mm×305mm
印　　张　5
字　　数　75 千
印　　刷　朗翔印刷（天津）有限公司
版次/印次　2019 年 2 月第 1 版 /2019 年 2 月第 1 次印刷
定　　价　48.00 元

ISBN 978-7-5364-9347-6

本社发行部邮购组地址：四川省成都市槐树街 2 号
电话：028-87734035 邮政编码：610031
版权所有 翻印必究